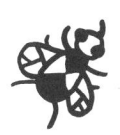

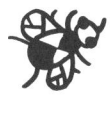

Punkt, Punkt, Komma, Strich: Ich mal den Bauernhof für mich

Bilder von Katja Mensing
Reime von Imke Sörensen

CARLSEN

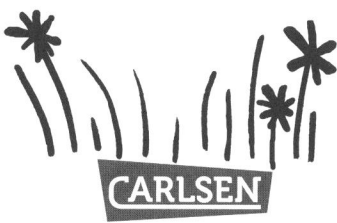

Bauer

Hey, jetzt fängt das Zeichnen an,
als Erster ist der Bauer dran!

❶ Nach Ohren, Haar und Mütze

❷ gibt's Stiefel für Matsch und Pfütze.

❸ Nun muss noch 'ne Forke her und Stroh und Hände, bitte sehr!

Hat dein Bauer einen großen Misthaufen aufgetürmt?

Bäuerin

❶ Vergiss nach Punkt, Punkt, Komma, Strich
nicht den Pony für's Gesicht.

❷ Und nun drei Zipfel, hier und da,
als Tuch zum Schutz von Haupt und Haar.

❸ Jetzt kann die Bäuerin schon stehen,

❹ doch ohne Arme wird's nicht gehen.

❺ 'nen Korb zu malen ist nicht schwer,
ihn zu tragen aber sehr.
Drum lass ruhig mal 'ne Ecke leer,
das freut die Bäuerin dann sehr.

Ist deine Bäuerin auf einem Feldweg unterwegs?

Bauernmädchen

❶ Ein Ei rollt hier den Weg hinunter.

❷ Quatsch, da guckt ein Mädchen munter!

❸ Und ein Quadrat, wie ich meine,

❹ taugt prima für die Mädchenbeine.

❺ Am Ende sitzt ein Kind im Baum,
träumt einen schönen Sommertraum.

Beobachtet das Bauernmädchen vielleicht gerade Schmetterlinge?

Bauernjunge Max

❶ Ein Tropfen und ein runder Kreis,

❷ vier Ohren, lang und naseweis.

❸ Die Gesichter male ich, fix mit Punkt, Punkt, Komma, Strich.

❹ Einen kugelrunden Bauch

❺ brauchen Max und Esel auch.

❻ Zuletzt sind noch die Beine dran.

❼ Schon ist Max ein Reitersmann!

Reitet Max über eine Blumenwiese?

Bauernhaus

❶ Schau, das ist ein Rechteck, es lebt nicht gern allein.

❷ Darum lädt es Dach

❸ und viele Balken zu sich ein.

❹ Es denkt: Viel netter ist es noch zu zweit! So langsam wird es für 'nen Anbau Zeit.

❺ Zusammen stehen Haus und Haus. Mach' Bauernhof und Scheune draus.

Steht das Bauernhaus mit Scheune auf einem Hügel?

Pferdestall

❶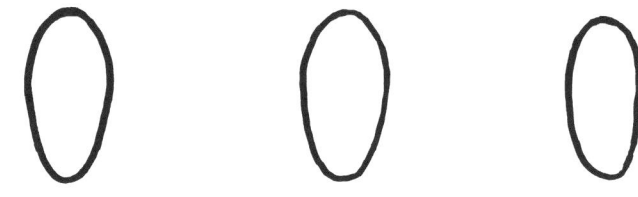

Fallen drei Tropfen ins Buch hinein,
doch sie wollen lieber Pferde sein.

❷

Dafür malst du Ohren, Mähne, Flecken

❸

und einen Stall zum Drin-Verstecken.

❹

Und woll'n sie auf die Weide raus,
lässt du sie fix ins Grün hinaus.

Ist der Mond über dem Stall aufgegangen?

Traktor

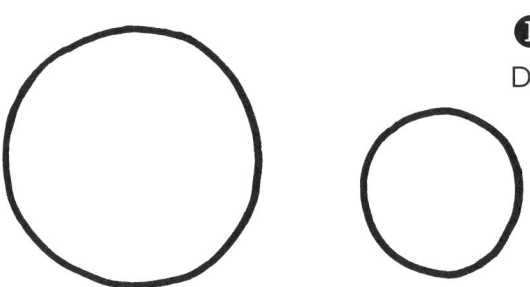

❶ Klar, der Bauer braucht 'nen Traktor! Doch so kommt er mir noch nackt vor …

❷ … so kann niemand darauf sitzen oder über Felder flitzen.

❸ Ah! So sieht er doch nach was aus! Ihm fehlte bloß ein Führerhaus.

❹ Damit's rausgeh'n kann aufs weite Feld,

❺ mal' den Bauern, der das Lenkrad hält.

Fährt dein Traktor über ein Stoppelfeld?

Anhänger

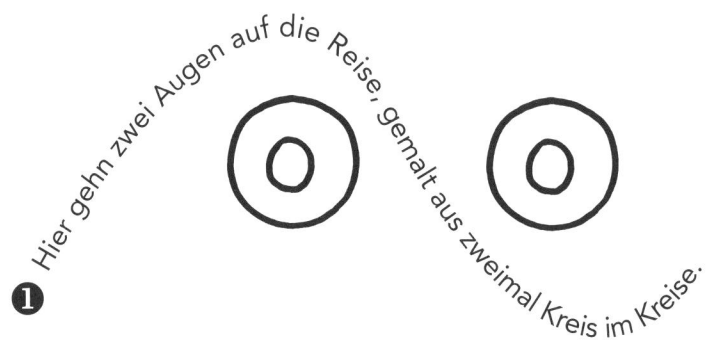

❶ Hier gehn zwei Augen auf die Reise, gemalt aus zweimal Kreis im Kreise.

❷ Als Auge reist es sich so schlecht.
Ein Hänger kommt mir grade recht.

❸ Die Tiere brauchen Heu und Stroh,
belad' den Hänger, und zwar so!

❹ Und da es viele Tiere sind,
mal noch mehr Heu, schnell und geschwind.

Liegen auch noch Heuballen auf dem Boden?

Mähdrescher

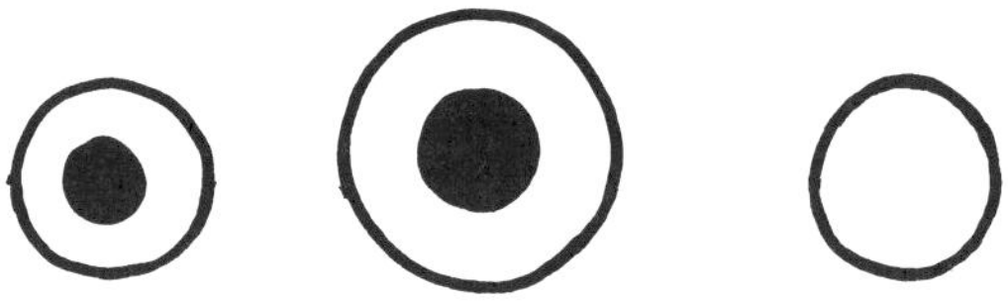

❶
Was ist das für ein Gekreise?

❷
Male ein Rechteck, Strich um Strich.

❸
Was mag das werden?
Ich weiß es nicht.

❹
Wo ist vorn, wo hinten?
Ich steh auf dem Schlauch.

❺
Ein Mähdrescher ist's!
Nun sehe ich es auch.

Und der fährt nicht gerade leise.

Muss der Bauer sich beeilen, weil Regenwolken aufziehen und die Ernte nicht nass werden darf?

Die ganze Familie sagt dir Hallo,
mäht, erntet, ackert und ist froh.

Schafe

❶
Der Himmel sieht nach Regen aus!
Mach lieber schnell drei Schäfchen draus.

❷
Das eine groß, die andern klein,
Mama-Schaf mit Kinderlein.

❸
So zieh'n sie über Feld und Wiese,
welch Schaf ist glücklicher als diese?

Ziehen Schäfchenwolken am Himmel?

Hahn

❶
Hier liegt ein großer Haufen Mist,
weil's auf dem Bauernhof so ist!

❷
Und wächst darauf ein Baum?
Nein, nein, das glaub ich kaum.

❸
Aus dem Baum wird wohl ein Tier.
Nur welches? Verrätst du's mir?

❹
Ah, jetzt weiß ich, wer dort steht,
und aus vollem Halse kräht!

❺
Es ist der Hahn, er sieht uns an,
mit bunten Federn, rotem Kamm.

Kräht der Hahn zum Morgengruß? Dann mal noch eine Sonne!

Henne

Ein großes und ein kleines Ei
folgen dem lauten Hahnenschrei.

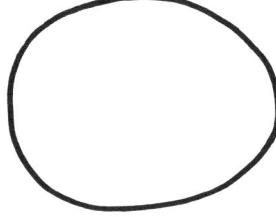

Soll draus werden Familie Huhn,
musst du noch ein paar Striche tun.

Schnäbel und Augen sollen her,
Füße zum Laufen, kreuz und quer.

Auch die Henne braucht Kamm und Schwanz.
Dem Küken fehlt noch beides ganz.

Mal ein paar Eierschalen, aus denen Küken geschlüpft sind!

Schweine

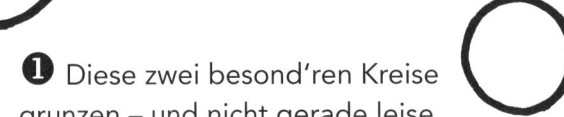

❶ Diese zwei besond'ren Kreise grunzen – und nicht gerade leise.

❷ Die Ringelschwänzchen haben sie verraten

❸ und ihre Schnauzen taugen fast als Spaten.

❹ Damit buddeln sie aus Erde Matsch, und machen jede Menge Quatsch.

Mal für deine Schweine noch mehr Matsch, damit sie sich schön suhlen können!

Hund

❶ Ich wünsch mir einen Hund, sein Bauch ist kugelrund.

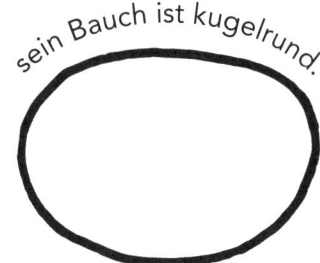

❷ Hals und Kopf, die braucht er auch,

❸ Schwanz und Füße an den Bauch.

❹ Und sein Name? Er heißt Fritz!
Er macht Männchen, Platz und Sitz.

Wohnt dein Hund in einer Hundehütte?

Kuh

❶ Einem Oval mit einer Delle

❷ wachsen zwei Hörner auf die Schnelle.

❸
Die Kuh gibt Milch, gern und munter,
mal dafür ein Euter drunter.

❹
Mit Beinen kann sie stehn – muh, muh!
Doch bitte gib noch keine Ruh.

❺
„Mal mir Flecken auf Bauch und Flanke.
Und einen Schwanz. Genau so – danke!"

Steht deine Kuh auf einer Wiese mit Kuhfladen?

❶ Auch dieses Oval hat eine Delle,

❷ auch ihm wachsen Hörner auf die Schnelle.

❸ Doch dieser Kopf, das sag ich dir,

❹ wird keine Kuh, es wird ein Stier.

❺ Er schnaubt laut und mit Trara,

Stier

❻ komm ihm lieber nicht zu nah!

Male einen Zaun, damit dein Stier sicher auf der Weide steht!

❶ Eins, zwei, drei und vier,
mal Napf und Katze aufs Papier.

Katze

❷ Fünf, sechs und sieben auch,
die Milch kommt in den Katzenbauch.

❸ Nach acht und neun – hurra! –
sind die Katzenpfoten da.

❹ Zuletzt zähl ich noch die Zehn,
da ist auch der Schwanz zu sehn.

Stellst du für deine Katze eine ganze Milchkanne bereit?

Fliegen gehören zum Bauernhof dazu.
Schwirren und brummen und geben keine Ruh.

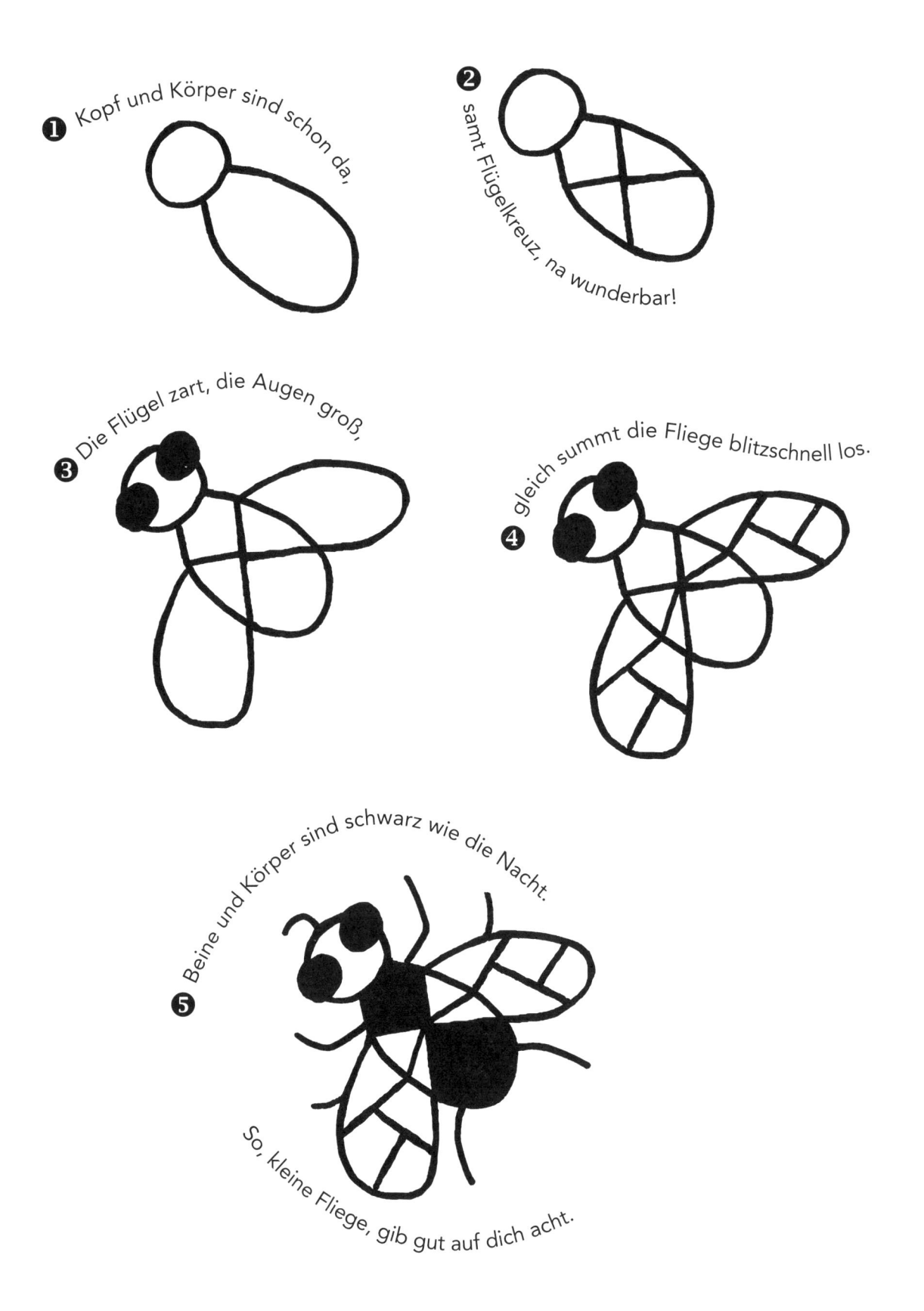

Fliege

1. Kopf und Körper sind schon da,
2. samt Flügelkreuz, na wunderbar!
3. Die Flügel zart, die Augen groß,
4. gleich summt die Fliege blitzschnell los.
5. Beine und Körper sind schwarz wie die Nacht.
So, kleine Fliege, gib gut auf dich acht.

Male wilde Flugbahnen, die deine Fliege geflogen ist.

Häschen

Punkt, Punkt, Komma, Strich,
mal mir Häschen ein Gesicht.
❶

Die Ohren, so lang wie eine Möhre,
sind spitz und groß, damit ich gut höre.
❷

Heißa, da ist mein Bauch, juche!
Gleich kann ich mümmeln süßen Klee.
❸

Brauch nur noch Beine, davon vier!
Das ist wirklich nett von dir.
❹

Hüpft dein Häschen hinter einem Maschendrahtzaun?

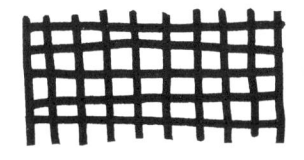

Gänseschar

❶ Schau, so mal ich Tropf um Tropf

❷ mit langem Hals und kleinem Kopf.

❸ Es wird geschnattert, laut und leise,

❹ Familie Gans geht auf die Reise.

Haben deine Gänse auch einen Teich zum Baden?

❶ Zottlige Fransen sind zu sehen,

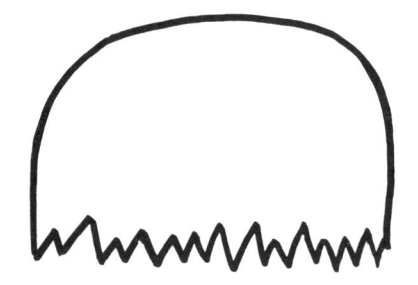

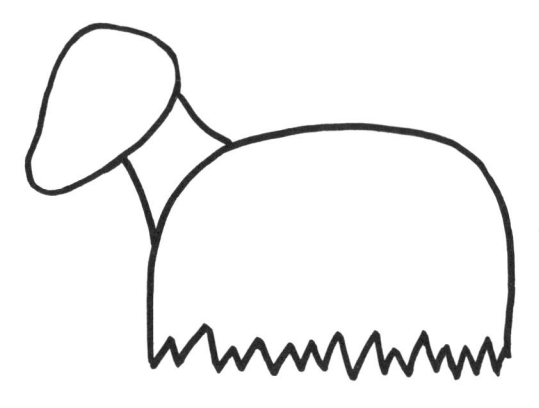

❷ die sollen wohl als Tier durchgehen.

❸ Und? Welches Tier mag das wohl sein?

❹ Es springt gern über Stock und Stein.

Ziege

❺ Kleine Ziege trägt 'nen Bart, meckert „Bäh" und stupst dich zart.

Nun sind alle deine Tiere da.
Springen, watscheln, hopsasa.

Jagt deine Schwalbe gerade eine dicke Fliege?

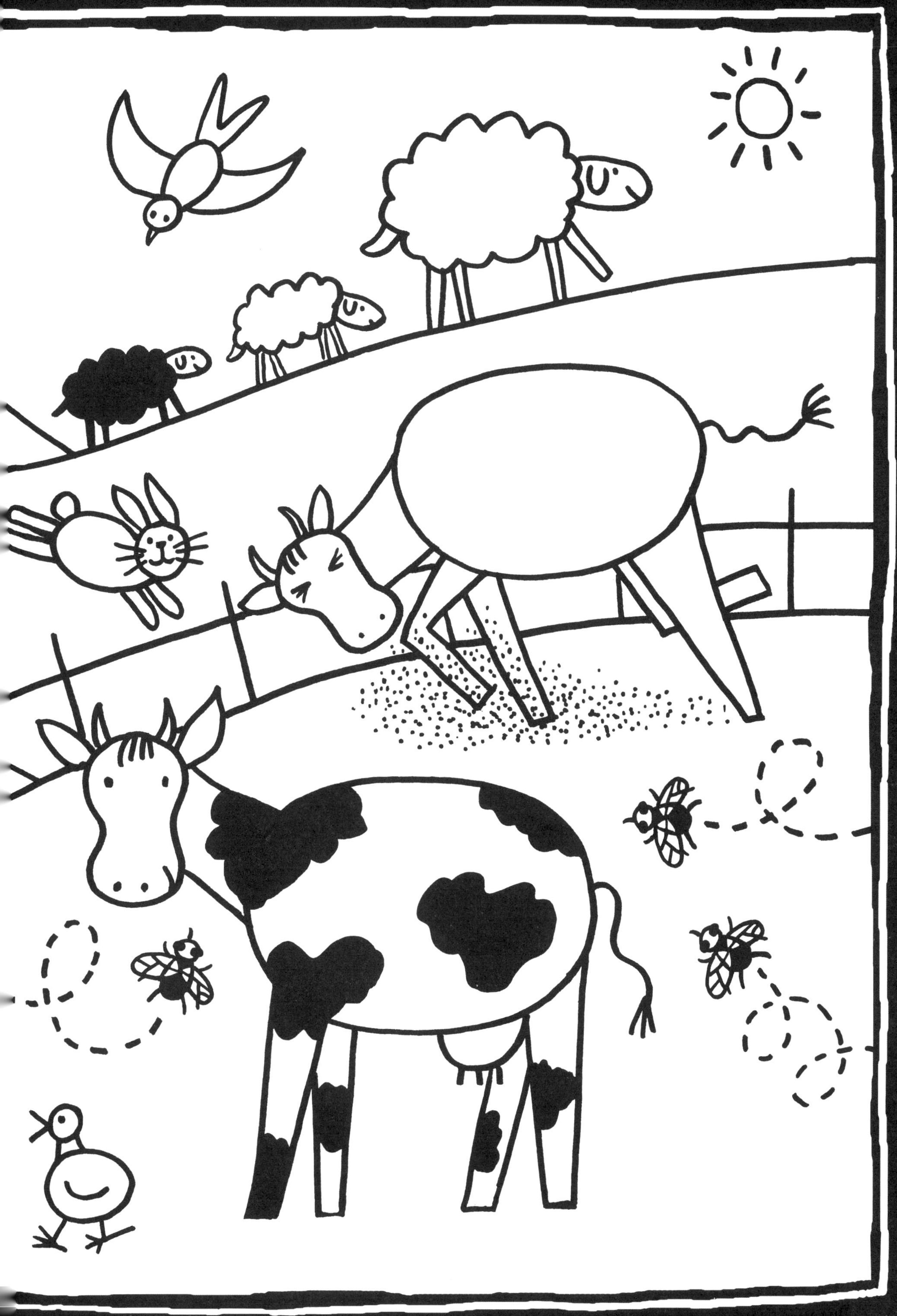

Blumen

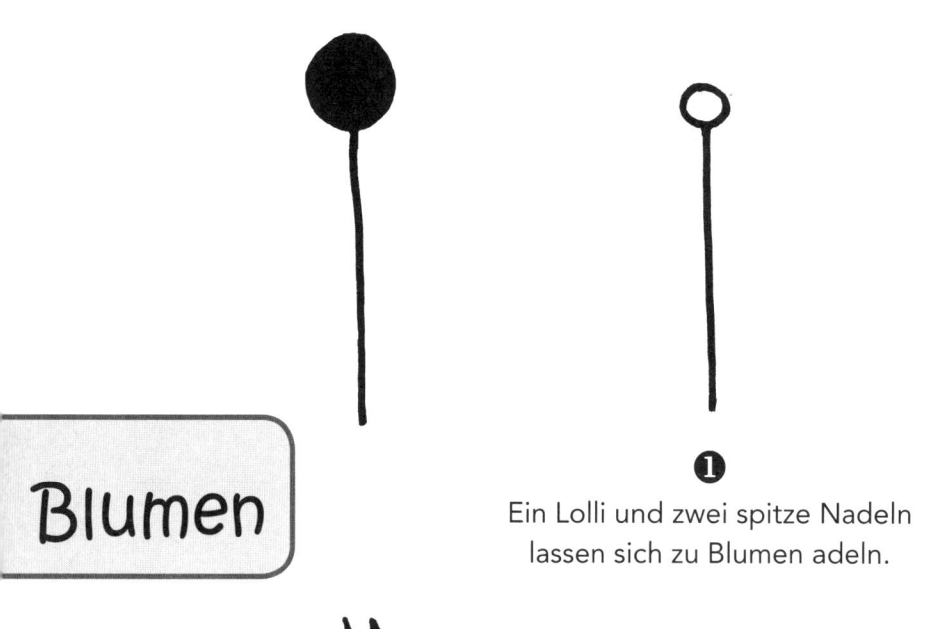

❶
Ein Lolli und zwei spitze Nadeln
lassen sich zu Blumen adeln.

❷
Spitze, runde, lange Blütenblätter
so werden die Blumen immer netter.

❸
Etwas fehlt, sie sind so karg!
Zeichne Blätter, grün und zart.

Ob sich deine Blumen gerade über Regen freuen?

Kirschbaum

❶ Es war einmal ein großes Glas,

❷ in dem ein Vogelpärchen saß.

❸ Strich für Strich entstand daraus, ein schöner Baum, hoch wie ein Haus.

❹ Als daran süße Kirschen hingen,

❺ begann das Vogelpaar zu singen.

Werden die Kirschen schön rot, weil die Sonne scheint?

Apfelbaum

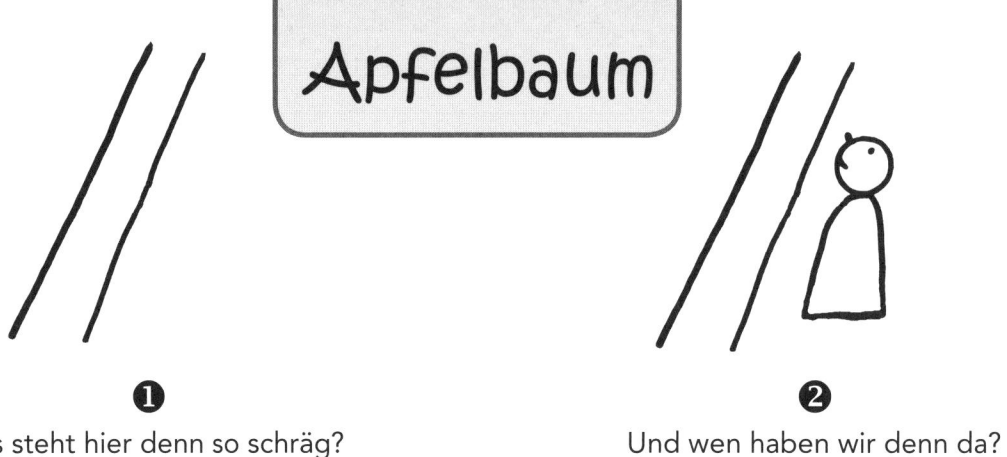

❶ Was steht hier denn so schräg?
Ein Stiel, Stab oder Weg?

❷ Und wen haben wir denn da?
Nein, das ist mir auch nicht klar.

❸ Ja, jetzt sehe ich's genau:

❹ An dem Baum steht eine Frau!

❺ Sie rüttelt am Stamm, immer wieder,

❻ schüttelt das Obst vom Baum hernieder.

Ist schon etwas Obst vom Baum gefallen?

Vogelscheuche

❶ Schneemann? Vogel? Was glaubst du?

❷ Zunächst kommt ein Hut dazu.

❸ Aus Fetzen machst du ein Gewand,

❹ aus Stöckern werden Bauch und Hand.

❺ „Vogelscheuche, guten Tag!",

❻ piepst ein Vogel, der sie mag.

Kommen noch mehr Vögel deine Vogelscheuche besuchen?

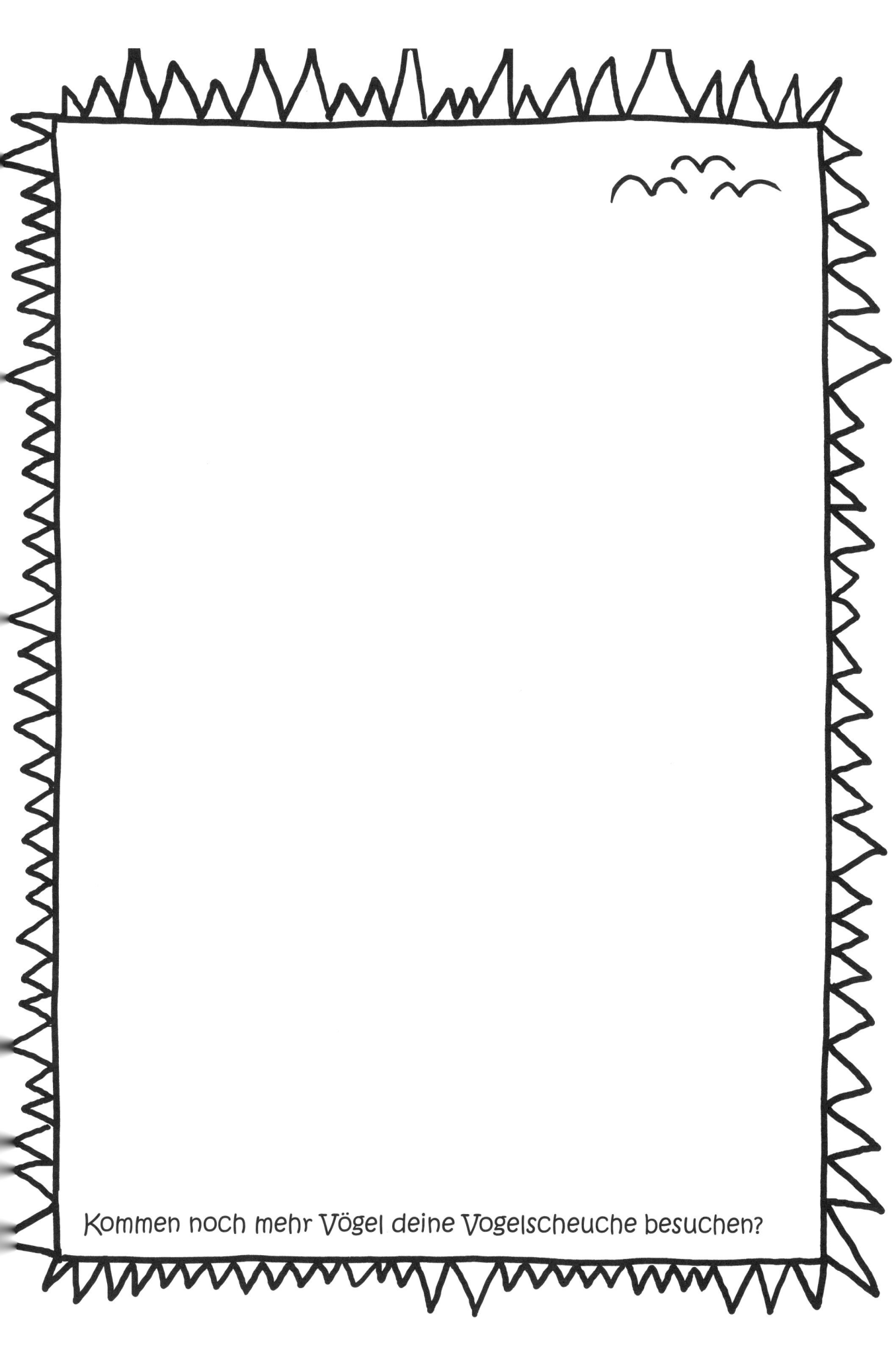

❶ Ein Ei mal ich zu Beginn.

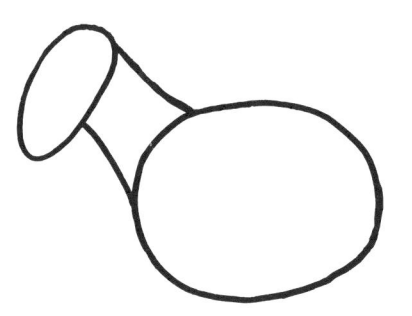

❷ Dabei hab ich ein Pferd im Sinn.

❸ Strubbelig wird jetzt die Mähne, ob ich das liebe Pferdchen zähme?

❹ Läuft es mir mit Beinen fort? Nein, es bleibt an diesem Ort.

Pferd

❺ Und mit einem Karren dran,

❻ hilft es brav dem Bauersmann.

Male Obst in den Karren! Dann freut sich der Bauer.

Schubkarre

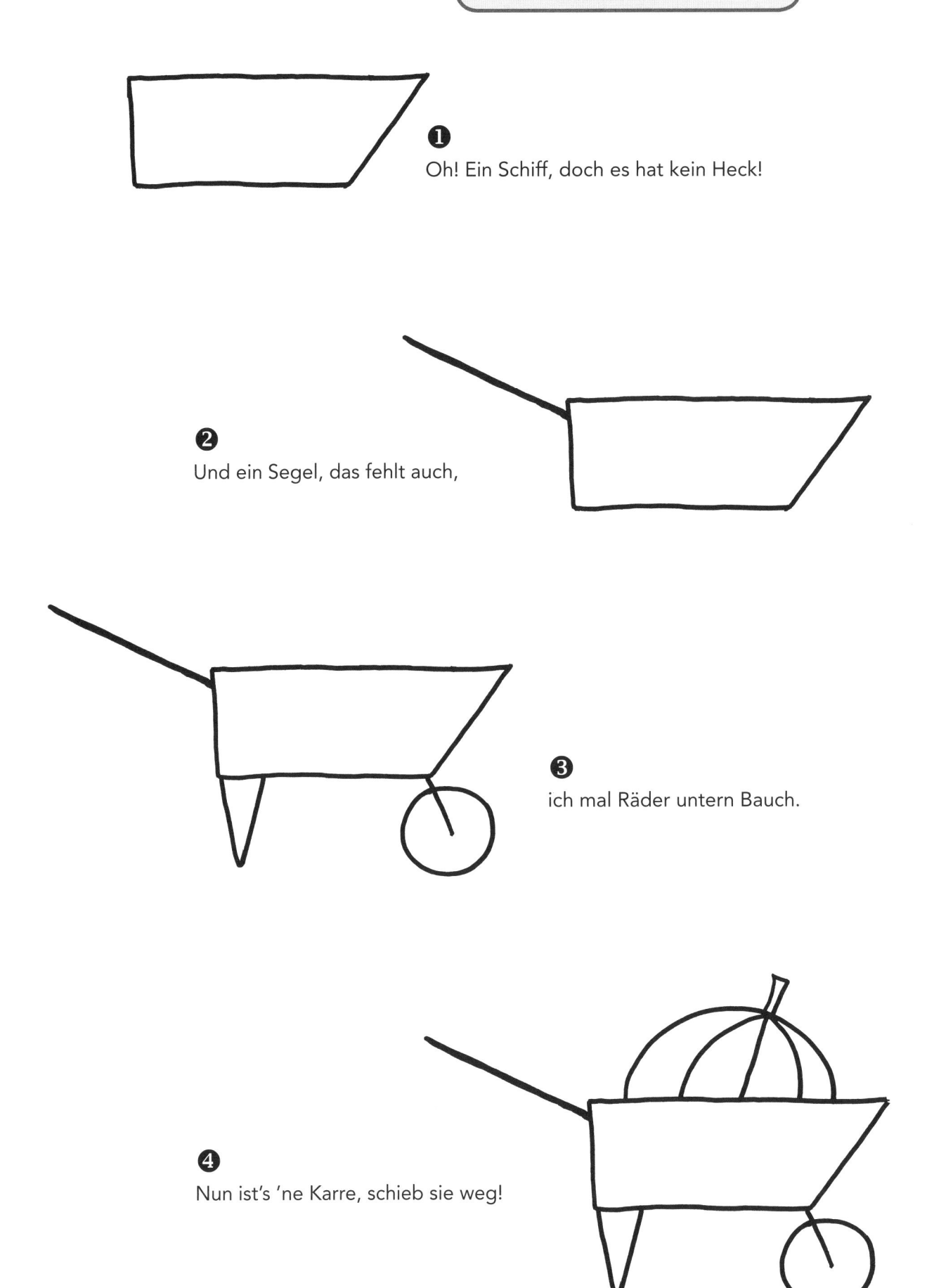

❶ Oh! Ein Schiff, doch es hat kein Heck!

❷ Und ein Segel, das fehlt auch,

❸ ich mal Räder untern Bauch.

❹ Nun ist's 'ne Karre, schieb sie weg!

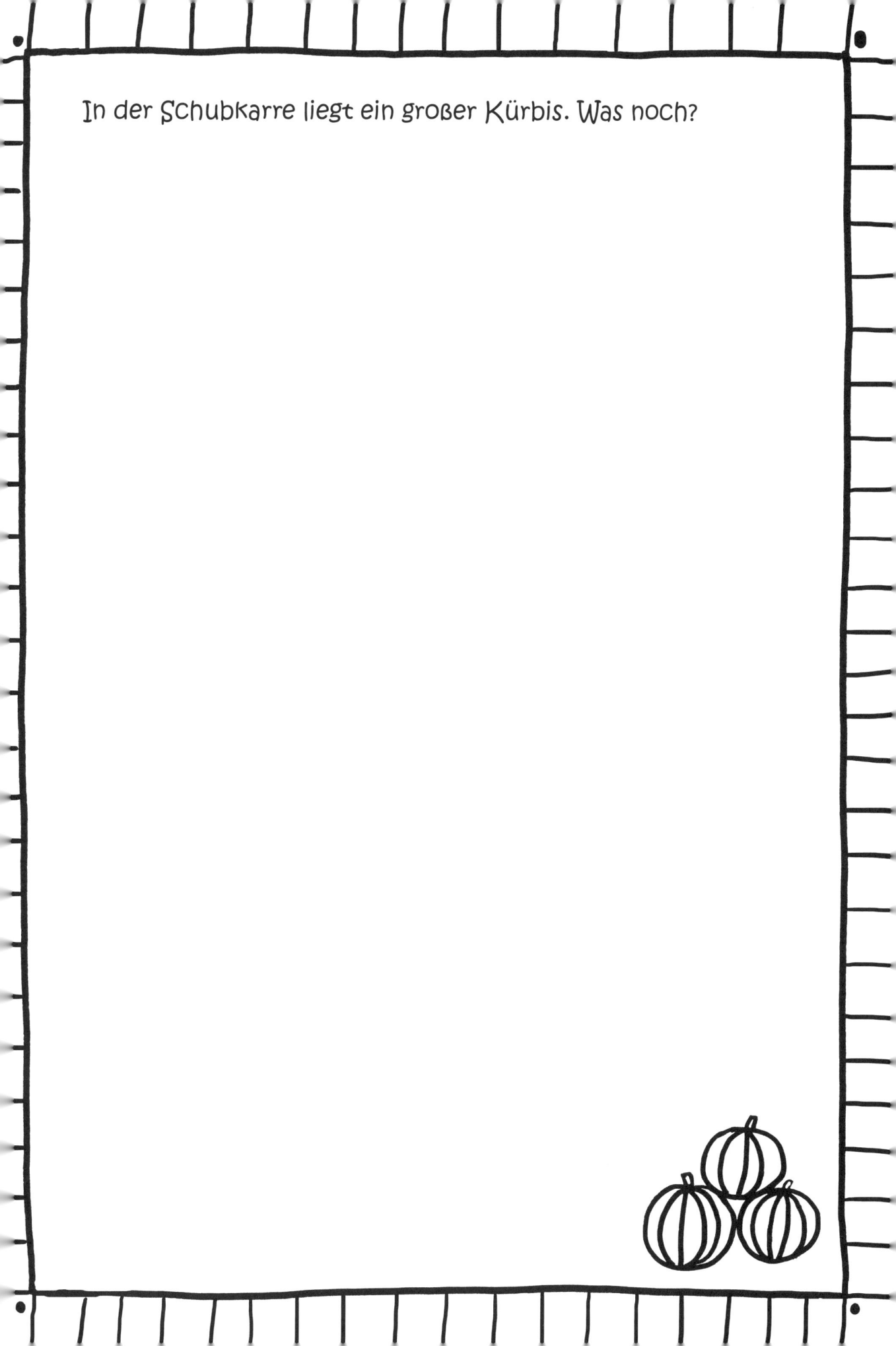

In der Schubkarre liegt ein großer Kürbis. Was noch?

Marktstand

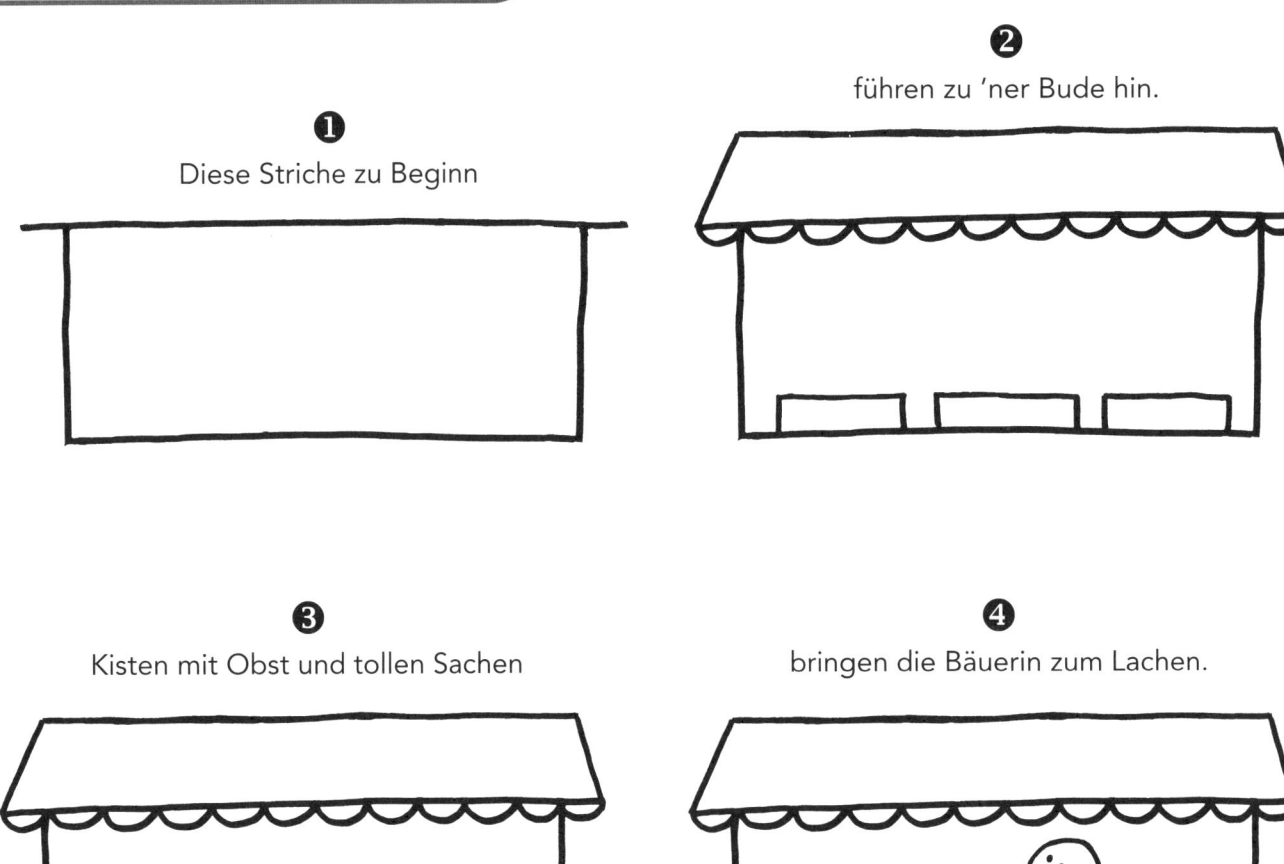

❶ Diese Striche zu Beginn

❷ führen zu 'ner Bude hin.

❸ Kisten mit Obst und tollen Sachen

❹ bringen die Bäuerin zum Lachen.

❺ Auf dem Markt kannst du viel kaufen.
Die Tasche her und losgelaufen!